AF307988

Daniel DURAND

VERS EN VRAC

Poésie

FSC
www.fsc.org
MIXTE
Papier issu
de sources
responsables
Paper from
responsible sources
FSC® C105338

ACROSTICHE

D'autres que moi, désormais, vont errer,
Avec la mort pour unique espérance.
Ne pleurez pas... j'ai fini d'espérer.
Il me tardait de quitter l'existence,
Et de goûter à l'éternelle absence.
Le trépas seul pouvait me délivrer.

De plus en plus s'effaçait mon enfance.
Un jour ou l'autre, il fallait en finir.
Rappelez-vous qu'il n'est pas pire offense :
Avoir été, n'avoir plus d'avenir,
N'avoir plus rien, hormis les souvenirs...
D'autres que moi vont subir l'existence.

AMOURS DE VACANCES

Tu pleures, Christina,
C'est la fin des vacances,
Et du beau rêve aussi.
Oui, je sais, Christina,
Je sais à quoi tu penses
En ce moment précis...
Peut-être es-tu blottie
Pour la dernière fois
Contre son corps bronzé.
Quand tu seras partie,
Pensera-t-il à toi
Qui voulait l'épouser ?

Oh ! Que ton cœur se serre
En pensant que, bientôt,
Vous serez séparés,
Que l'été, que la mer
Appartiendront bientôt
à un obscur passé.
Quand vous courriez, heureux,
Et la main dans la main,
Sur le sable brûlant,
Quand vous plongiez tous deux
D'une chute sans fin
Au sein de l'océan,
Tu savais, Christina,

Que ces joies éphémères
Seraient un jour finies.
Tu pleures, Christina,
Désenchantée, amère,
Sur l'amour de ta vie...

Il ne vous reste plus
Que le temps d'un baiser
Qui s'éternise en vain.
Il ne vous reste plus
Que l'espoir insensé
Qu'il n'aura pas de fin.
Non ! Va-t-en, Christina,
Il le faut maintenant,
Pars sans te retourner.
Ou alors, Christina,
Lui aussi, doucement,
Va se mettre à pleurer...

AMOUR PLATONIQUE

Rappelle-toi, Claudie, on avait dix-sept ans...
Et c'est toujours resté, pour moi, le plus bel âge,
Depuis ce jour de mai, ce matin de printemps
Où, sans le faire exprès, tu mis mon cœur en cage.

Je ne sais pas, bien sûr, ni pourquoi ni comment
Cupidon, ce jour-là, m'avait choisi pour cible,
Mais son tir imprévu fit naître un sentiment
Transformant mon futur en bonheur indicible.

Hélas, je ne pouvais t'avouer mon émoi.
Inutile, en effet, que je te le dévoile,
Pourquoi donc irais-tu t'intéresser à moi,
Moi, pauvre ver de terre amoureux d'une étoile ?

Alors il valait mieux ne pas t'en informer,
En garder le secret tout au fond de mon âme,
Accepter que jamais tu ne pourrais m'aimer.
A moi seul incombait d'entretenir la flamme.

Penser à toi sans cesse, à tes traits si charmants,
Évoquer ton image à longueur de journée,
Prier pour que le Ciel t'épargne les tourments,
Je n'avais pas le choix, c'était ma destinée.

Je bénis malgré tout le sort qui fut le mien.
Si d'un autre que moi je te sais amoureuse
Et si j'en souffre un peu, je ne regrette rien,
Car mon plus cher désir, c'est de te voir heureuse.

L'ORIFLAMME

Avec un grand bâton, avec un bout de toile,
Avec quelques couleurs, une feuille, une étoile,
On a fait un drapeau.
Avec un peu de fer, avec le bois d'un arbre,
Avec un peu de terre, avec un peu de marbre,
On a fait un tombeau.

Avec un uniforme, avec un numéro,
Avec un pauvre gars que l'on disait héros,
On a fait un soldat.

Avec beaucoup d'horreurs et bien trop de dégâts,
Avec tant de souffrance, avec un pauvre gars
Qui ne comprenait guère,
Avec de beaux fusils dont on prenait grand soin,
Avec des généraux qui commandaient de loin,
On a fait une guerre.

A cause d'un drapeau qu'on brandit sans remord,
A cause d'un drapeau, un pauvre gars est mort
Sous le nom de soldat.

RUINES

Pauvres maisons aux murs lépreux
Que le temps lézarde et fendille,
Découvertes un jour au creux
D'un nid de mousse et de brindilles,
J'aime à venir vous contempler
dans l'or éteint du jour couchant.
Pauvres maisons aux toits crevés
Par quelque céleste colère,
Franchissant vos seuils dépavés,
Je ne découvre que misère,
Mais vos pans de murs ont gardé
Comme un charme étrange et touchant.

Pauvres maisons aux portes closes
où croît l'épine et le chardon,
La ronce a remplacé la rose
en vos jardins à l'abandon,
Et vos massifs de gazon vert
Ne sont plus qu'un grand trou béant.
Pauvres logis abandonnés
Aux outrages du temps qui passe,
Il vous faudra me pardonner
De rendre vie à qui trépasse,
Juste le temps de quelques vers,
Puis de le rendre à son néant.

VEUVAGE

À quoi bon me répandre en sanglots sur ta tombe.
Est-il vraiment besoin d'étaler mon chagrin ?
Ton âme est un bijou dont mon cœur est l'écrin,
Chérir ton souvenir est tout ce qui m'incombe.

J'ai passé près de toi des instants fabuleux,
Mais le bonheur, hélas, est chose si fugace...
Il nous semble éternel, et cependant s'efface
Comme au réveil s'estompe un songe nébuleux.

Ma douleur, il est vrai, serait plus supportable
Si je pouvais penser qu'il existe un « après ».
Croire en un paradis où je te reverrais
M'aiderait à trouver ton absence acceptable.

Quand nous avons choisi d'unir notre destin,
Je savais qu'un de nous, affreuse certitude,
Devrait faire, effondré, face à la solitude,
En s'éveillant sans l'autre, un pénible matin.

Je ne survis, depuis, que perdu dans mes rêves.
Je nous revois tous deux faisant, main dans la main,
De longues randonnées. Que ces heures sans fin
Paraissent à présent avoir été bien brèves !

Les enfants sont partis, leur futur est sans moi.
Il faut, un jour ou l'autre, arriver à son terme.
Je sens que maintenant, la porte se referme.
Je n'ai plus de désirs, ni d'espoir, ni d'émoi...

Jamais le temps passé n'adoucira ma peine.
Au plus profond de moi, quelque chose est brisé.
C'est un chagrin fatal que ta mort m'a causé.
Dès lors, ma propre fin m'apparaît trop lointaine.

LES DEUX MAMANS

Kenneth se sent vraiment très mal,
Sa maman est à son chevet.
C'est vrai que trois gros hamburgers,
Un litre de cola, et deux glaces à la fraise,
C'est un repas bien trop copieux
Pour un enfant de dix ans.
Kenneth se sent vraiment très mal,
Et cela se voit dans ses yeux,
Ses petits yeux bouffis par la graisse malsaine
Qui lui envahi le visage.
– Dis-moi, maman, je ne vais pas mourir, quand
même ?
– Bien sûr que non, tu ne vas pas mourir.
Demain, tu iras déjà mieux,
Après-demain, papa rentrera de son stage.
Tu pourras retourner avec lui au Mac Do.

Abdou se sent vraiment très mal,
Sa maman est à son chevet.
C'est vrai qu'une poignée de sauterelles grillées,
Quelques racines,
Et un peu d'eau croupie,
C'est un repas bien trop léger
Pour un enfant de dix ans.
Abdou se sent vraiment très mal,
Et cela se voit dans ses yeux,
Ses grands yeux plein de fièvre

Semblant vouloir jaillir de son visage osseux.
– Dis-moi, maman, je ne vais pas mourir, quand même ?
– Bien sûr que non, tu ne vas pas mourir.
Demain, tu iras déjà mieux,
Après-demain, papa rentrera de la chasse,
Et tu pourras manger un bon morceau de viande.

Kenneth sait bien que sa maman
Lui dit toujours la vérité.
Abdou, lui, comprendra trop tard
Que sa maman lui a menti.

DÉSIR

Des fleurs de ce jardin, tu es la plus jolie,
Et plus fort chaque jour, mon cœur pour toi soupire.
S'il est vrai que l'amour n'est que courte folie,
Je crois que la passion est un tourment bien pire.
Mon corps inassouvi qui t'espère ardemment
Ressent au creux des reins le frisson du désir.
Je serai, tu le sais, un merveilleux amant.
Offrons nous un voyage au pays du plaisir.
Je veux bien me damner pour cueillir tes vingt ans.
Rien ne compte à mes yeux plus que le bleu des tiens.
Tu pourrais regretter ton refus trop longtemps,
Ne déçois pas toujours l'espoir qui me soutient,
Prends pitié, maintenant, de mon âme en lambeaux...
Quand seront venus l'âge et la décrépitude,
Le temps des longues veilles à deux pas du tombeau,
Puisse ton souvenir meubler ma solitude.

L'ABSENCE

Le jour se lève sur Annecy.
Quelques vagues lambeaux de brume
Flottent encore ça et là,
Puis s'évanouissent au souffle d'un vent léger,
Comme un songe au réveil.
Le jour se lève sur Annecy.
Tu n'es pas là, je suis seul,
Seul en ce jour nouveau, assis au bord du lac.
Un bateau se balance, invitant au voyage.
La ville, un peu plus loin, s'anime peu à peu.
Le ciel est de plus en plus bleu,
Le soleil de plus en plus chaud.
Je suis sûr que tu aimerais
Contempler ce ciel bleu, ce soleil, et le lac.
Tu n'es pas là, et tu me manques.
Le jour se lève sur Annecy.
J'aimerais tant glisser mes doigts dans tes cheveux,
Poser mes lèvres sur tes lèvres,
Respirer ton parfum...
Le jour se lève sur Annecy.

Tu sais, j'ai réfléchi depuis notre dispute.
Je n'aurais pas dû t'empêcher
De remonter sur le voilier...

FRED
(à mon gendre, décédé à 34 ans dans un accident de
moto)

On le lit tous les jours, ce banal fait divers :
Des morts et des blessés, quelque part sur la route.
Pourquoi s'en étonner ? Fatalité, sans doute...
En tout cas, pas de quoi chambouler l'univers.

Mais lorsqu'à votre porte, un homme en uniforme
Vous dit : « Je suis navré, je dois vous avertir,
Tout s'est passé très vite, il n'a pas dû souffrir. »
La chose, assurément, revêt une autre forme.

Les mots prennent alors un sens un sens tout
différent.
L'accident, jusque là, n'était que pour les autres.
La mort ne pouvait pas nous priver d'un des nôtres.
Ce que l'on nous annonce est absurde, aberrant.

Au point que, tout d'abord, on ne veut pas
comprendre.
« Mais pourquoi mon mari ne rentrerait-il pas ?
Il viendra tout à l'heure, au moment du repas. »
Et puis, il faut bien croire à ce qu'on vient d'entendre.

Alors, c'est le chagrin, mais la révolte aussi,
Le refus d'accepter ce qu'on ne peut admettre.
Pourquoi nous ? Quels péchés avons nous pu
commettre
Pour que le Ciel nous frappe et nous punisse ainsi ?

Fred n'ira plus chercher les enfants à l'école ?
Il ne me dira plus de ramener le pain ?
Je ne l'entendrai plus chantonner dans son bain ?
Dites, ce n'est pas vrai ! Je vais devenir folle.

« *Tu n'as plus de papa.* » Comment dire à Jessi
Ces mots définitifs ? Alexis, à tout prendre,
A plus de chance. Il est trop petit pour comprendre
Que le bonheur, hélas, pour nous s'arrête ici.

Notre vie, à nous trois, doit pourtant se poursuivre,
Mais je vais me traîner à travers l'existence.
Je ne pourrai jamais me faire à son absence.
Le plus dur, à présent, sera de lui survivre.

TON CORPS

J'ai vu ton corps à la beauté sans faille,
Et je voudrais le peindre avec des sons,
Le caresser d'un regard, d'un frisson,
Et le chanter d'une voix qui défaille

J'ai vu ton corps et veux le voir encore.
Et voir ton sein se dresser sous la maille,
Et le chanter d'une voix qui déraille
En célébrant les charmes de ton corps.

J'ai vu ton corps et je sais la beauté.
Je sais la courbe au galbe sans pareil,
L'éclat semblable à celui du soleil.
Je sais ton corps, et je veux le chanter.

J'aime à penser que ma main le caresse,
Que sous mes doigts il se met à trembler,
Et tremble aussi mon cœur qu'il a troublé.
Je sens ton corps comme une douce ivresse.

DAUDET À LAMALOU

Voilà plus de cent ans, mettant ses espérances
Dans les bienfaits thermaux, l'auteur de La Doulou,
Pour un peu soulager les pénibles souffrances
Du mal qui le minait, venait à Lamalou.

Il rencontrait ici d'autres grands littéraires,
Comme Edmond de Goncourt, Flaubert, ou bien Zola,
Mais plutôt qu'écriture, on parlait vulnéraires,
Morphine et laudanum, tabès ou brucella.

Guérir était souvent un but inaccessible,
Et l'on devait savoir vivre avec ses douleurs.
On y croyait quand même, à ce rêve impossible,
Et que l'on connaîtrait la fin de ses malheurs.

Il avait le mot dur, et la plume critique
En décrivant les bains, pas vraiment avenants.
Le décor, à l'époque, était peu sympathique,
Et les soins dispensés, parfois très étonnants.

Mais les temps ont changé. Maintenant, les touristes
Qui se sentent stressés, fatigués, courbatus,
Sont tous, à Lamalou, devenu des curistes,
Car son eau bienfaisante a gardé ses vertus.

LE HIPPIE

On m'a montré le droit chemin
Bordé de croix et de drapeaux,
Et pourtant ce n'est pas demain
Que je vais suivre le troupeau.

J'ai fait ce dont j'avais envie
Pour n'avoir pas à regretter.
De tout ce que m'offrait la vie,
Moi j'ai choisi la liberté.

L'amour est-il donc une tare
Qu'il n'ait pas cours en vos maisons ?
Moi, j'ai mon cœur et ma guitare
Et je suis riche de chansons.

Pourquoi voulez-vous, braves gens,
Que je me range à vos raisons.
Je ne veux pas de votre argent,
Je n'ai que faire d'un blason.

J'aime les fleurs et les oiseaux,
J'aime la nature et l'amour.
Le bruit du vent dans les roseaux
Vaut bien celui de vos tambours.

Ne jugez pas à travers vous,
Il en est plus d'un qui m'envie.
Et quand on me traite de fou,
C'est peut-être par jalousie.

FABLES EXPRESS

MÉPRISE

Sans doute fatigué par une longue nage,
Un plongeur avait mis ses palmes sur la plage.
Mais par inadvertance, il posa par dessus
Un récipient pansu.
C'était, disons le mot – l'appellation est bonne –
Ce qu'on appelle une bonbonne,
Qui contenait, je crois, quelques litres de vin.
Et savez-vous ce qu'il advint ?
Il faillit se faire lyncher
Par des baigneurs très effrayés.
Car tous les gens présents avaient perdu leur calme
En découvrant près d'eux cette bonbonne à palmes.

COMME UN PIED

C'était quelqu'un de très jaloux,
Mais jaloux comme un pied.
« *Un tigre* » lui dit-on. – Pas du tout.
Ne me prenez pas pour un niais.
De ce félin, la jalousie
Est erreur ou plaisanterie.
Tandis que chacun d'entre nous
A bien sûr entendu parler de pied jaloux.

LE VILAIN CUISINIER

Ce pauvre cuisinier était vraiment vilain.
On décida que son physique,
Suscitant par trop la critique,
Était vraiment insupportable. Un beau matin,
Sans nulle autre raison,
On le mit en prison...

Moralité :
Homme laid, taulard.

BON ANNIVERSAIRE

Pas de bijoux en or sertis de pierre fine,
Ou de coûteux parfums aux troublantes odeurs,
Ni des tissus soyeux à la moire divine.
Je ne vais pas t'offrir le Monde et ses splendeurs.

Mon cadeau peut sembler on ne peut plus modeste :
Quelques fleurs qui poussaient à l'ombre d'un
bosquet,
Présent n'ayant de prix que la valeur du geste.
Ma tendresse est entière enclose en ce bouquet.

Entre le bouton d'or et la blanche aubépine,
Tu trouveras ces vers, sous la frêle églantine,
Éclos ce matin même au jardin de mon cœur.

Ces simples fleurs des champs et ce petit poème
Seront pour toi, j'espère, un émouvant « je t'aime »
Tendrement exprimé par un clin d'œil moqueur.

DEO GRATIAS

Si le Seigneur m'a fait des yeux,
C'est pour que je voie ta beauté.
Si le Seigneur t'a fait des yeux,
C'est pour pouvoir me regarder.

Si le Seigneur m'a fait des lèvres,
C'est pour te donner des baisers.
Si le Seigneur t'a fait des lèvres,
C'est pour qu'on puisse s'embrasser.

Si le Seigneur m'a fait des mains,
C'est pour pouvoir te caresser.
Si le Seigneur t'a fait des mains,
C'est pour qu'on puisse s'enlacer.

Si le Seigneur m'a fait un cœur,
C'est qu'il me faut te le donner.
Si le Seigneur t'a fait un cœur,
C'est parce que tu dois m'aimer.

Si le Seigneur a fait tout ça,
C'est pour que nous soyons heureux.
Le Seigneur a bien fait tout ça,
Loué soit-il, on est heureux...

RÉÉDUCATION

Vous qui venez ici soulager vos douleurs,
Gardez l'espoir au cœur, ne perdez pas courage.
Pensez qu'il fait toujours soleil après l'orage,
Et que le temps saura dissiper vos malheurs.

Moi qui vous parle ainsi par le biais du grimoire,
Que de fois, certains jours, j'ai dû serrer les dents.
Pourtant, le souvenir de ces tourments ardents,
Il me faut l'extirper du fond de ma mémoire.

Tant d'autres, avant vous, dans ces lieux ont gémi.
Eux qui, parfois, sombraient dans la désespérance
Sont à présent guéris de toutes leurs souffrances.
Avec eux, je vous dit : gardez l'espoir, l'ami.

Dure est parfois l'épreuve, et dur de se convaincre
Qu'il est toujours certain qu'on la peut surmonter.
Pensez-y pour tenir, vous aider à lutter :
Il n'est nul désespoir que le temps ne peut vaincre.

LE CIMETIÈRE DU TEMPS

Mais où donc est passé le temps,
Le temps d'aimer, le temps des pleurs,
Et qui s'envole, et qui varie ?
Qu'est-il advenu du printemps
Qui piquait mille et mille fleurs
Dans l'herbe tendre des prairies ?

Que sont devenus les étés
Pleins de soleil et de chaleur,
Et la douceur du bord de mer ?
Surtout l'un, quand on s'est quittés,
Cœur déchiré, visage en pleurs,
Dont j'ai le souvenir amer ?

Où sont les automnes passés
Aux matins empreints de tristesse,
Les arbres nus, les feuilles mortes ?
La biche et le cerf pourchassés
Et le vent qui soufflait sans cesse,
Le vent qui sifflait sous la porte ?

Où sont tous les hivers d'antan ?
Jamais le passé ne revient.
S'en va-t-il dormir sous la terre ?
Qui peut me dire où va le temps,
Qui peut savoir ce qu'il devient ?
A-t-il aussi son cimetière ?

LE TRAIN

A travers les barreaux tout gris de ma cellule,
Je regarde passer, tout les jours, à midi,
Ce train si long, si laid, dont la sirène hulule,
Ce train qui t'a tué... Ce train, je le maudis,
Je la hais ! Il a fait de moi un assassin.
Les hommes m'ont puni, mais qu'est leur châtiment
À côté du remord ? « Tu es un assassin ! »
Je lis ces mots gravés dans les murs de ciment,
Et lorsque vient la nuit, une nuit sans repos,
Une nuit sans sommeil, il me semble sentir
Sous mes doigts d'assassin la douceur de ta peau
Lorsque je t'ai poussée... Je n'y puis plus tenir,
Et je bondis du bas-flanc en hurlant « Non ! Non ! »
Les gardiens me croient fou. Il est vrai que, parfois,
Je sens que mon esprit vacille, que ma raison
S'égare. Alors j'ai peur... Et pourtant, chaque fois,
Tu reviens me chercher au bord de la démence.
Mais tu es loin, si loin... Et je sens qu'un danger
Menace notre amour, cet amour si intense
Et si fort que ta mort n'y a pu rien changer...
Je revis bien souvent les instants de mon crime.
Nous marchons, tous les deux, près de la voie ferrée,
Main dans la main, heureux. Moi, je cherche une rime
À quelque pauvre vers que je te dédierai,
Et soudain, tu me dis qu'on ne se verra plus,
Que je dois t'oublier... Oh ! Tu m'as rendu fou

De chagrin, de douleur. « *On ne se verra plus...*»
Je n'ai pas réfléchi, je t'ai poussée, c'est tout.
Peut-être, inconsciemment, ai-je voulu détruire
Ces mots qui me faisaient tant de mal, mais pas toi.
Oh non ! Surtout pas toi... « *Ne le laissez pas fuir !* »
Des gens qui crient, des gens qui se jettent sur moi,
Et ton corps déchiré qui gît sur le talus...
Et puis ce tribunal, et ce juge sévère
Qui ne m'a pas compris. Ou qui n'a pas voulu
Comprendre que, trahi, l'amour est un calvaire,
Et que le désespoir est bien près de la haine...
Il est presque midi. Et maintenant, je dois
Regarder ce grand train qui ravive ma peine.
J'ai envie de hurler sitôt que je le vois.
Çà me fait mal, très mal, mais il faut que j'ai mal.
Je dois beaucoup souffrir pour que tu me pardonnes,
Afin que tout, pour moi, redevienne normal.
Car à part toi, je n'ai plus rien, ni plus personne...
Pour ce pardon, je sais ce qu'il me faudra faire.
Dans dix ans, si la mort ne m'a pas encore pris,
Les gardiens m'ouvriront les portes de l'enfer.
Alors, j'irai là-bas, près de ces longs rails gris,
Je m'y allongerai sans faiblir, sans trembler,
Je penserai à toi, rien qu'à toi, mon amour,
Quand le train reviendra, entre les champs de blé.
Et je te rejoindrai pour toujours, pour toujours..

JUSQU'À LA FIN DES TEMPS

Il est né... il est mort.
Il a vécu heureux,
Ou triste, ou malheureux,
Connaissant tour à tour et la peine et la joie,
Parfois la maladie,
Et la souffrance aussi,
Et le cycle sans fin des soirs et des matins
Qui reviennent sans cesse et font un autre jour.

Il est né... il est mort.
Cependant,
Entre-temps,
Il avait pris le temps
De faire des enfants
Qui sont nés... qui sont morts,
Qui ont vécu heureux,
Ou triste, ou malheureux,
Qui ont connu la peine et la joie tour à tour,
Parfois la maladie,
Et la souffrance aussi,
Et le cycle sans fin des soirs et des matins
Qui reviennent sans cesse et font un autre jour.

Ils sont nés... ils sont morts.
Cependant,
Entre-temps,
Ils ont trouvé le temps
D'avoir beaucoup, beaucoup d'enfants
Qui sont nés... qui sont morts...

LE PRINTEMPS

C'est, aux yeux de chacun, la plus belle saison,
L'époque où, lentement, s'éveille la nature,
Chassant, du triste hiver, l'horrible dictature,
Qui nous tenait blottis, devant l'âtre, au tison.

Des coloris subtils, du vert tendre à foison,
Partout la Vie éclate, étonnante aventure.
On peut voir à nouveau le bétail en pâture,
Et contempler déjà la prime floraison.

Dans les champs, les jardins, le laboureur commence
A retourner la terre, à choisir la semence.
On dirait comme un hymne au retour du beau temps.

Et si la brusque averse est quelquefois rageante,
On l'a tant espéré, ce satané printemps,
Qu'on lui pardonnera d'être d'humeur changeante.

PUISQUE LA ROSE MEURT

La rose a perdu son éclat,
Mamie, ainsi, le temps n'est plus
Où l'on croyait s'aimer toujours.
De nos amours sonne le glas.
Ma mie, hélas, tu ne sais plus
Le doux émoi des premiers jours.

La rose a perdu sa fraîcheur.
De nos amours, l'ardente flamme
Est devenue braise, puis cendre.
Ne cherchons pas qui est pêcheur,
Ma mie, vois-tu, point ne t'en blâme,
Et je n'ai pas à m'en défendre.

La rose a perdu sa beauté.
Deux cœurs s'en vont à la dérive
Sur l'océan des amours mortes.
Ma mie, ainsi, l'éternité
N'est pas des amours fugitives,
Et le temps passe et les emporte.

La rose a perdu son parfum,
Perdu ses pétales aussi.
D'elle, à présent, n'est plus grand chose.
Ne pleurons pas l'amour défunt.
Il ne pouvait qu'en être ainsi,
Puisqu'il faut que meurent les roses.

DÉPRESSION

Et que de moi s'enflamme ce qui brûle,
Si c'est le feu, ce qui doit me tuer.
S'il faut mourir, autant s'habituer.
Je partirai comme on crève une bulle,
Sans un ami pour m'aider à finir,
Sans un ami pour me fermer les yeux,
Et pour verser la larme de l'adieu,
Et pour cueillir la fleur du souvenir.
Je partirai comme un ballon qu'on lâche,
Qui disparaît, emporté par le vent,
Vite oublié quand paraît le suivant,
Au même ciel formant la même tache.
Je partirai, les mains encore tendues
Vers un présent que je n'ai pu saisir,
Croyant amour ce qui était désir,
Et ne rêvant que d'amours défendues.
Et ce bonheur que je n'ai vu passer,
C'était mon cœur qui n'a pas su s'ouvrir,
C'était la fleur que j'aurais dû t'offrir,
C'était ma main qui n'osait caresser...
J'ai décidé quand il n'était plus temps,
A trop penser quand il fallait agir.
Pourquoi tarder le moment de mourir,
Puisqu'après tout, c'est le sort qui m'attend.

OBSÈQUES

Tous tes amis, des larmes plein les yeux,
Sont réunis dans le vieux cimetière
Aux murs couverts par la mousse et le lierre .
Ils sont venus te faire leurs adieux.

Sur ton cercueil, rien que des gerbes blanches,
Portant chacune un mot définitif.
Le prêtre même essuie un pleur furtif
En déposant son bouquet sur les planches.

Pauvre Nicky, cruel fut ton destin,
Tu 'as vécu que le temps d'être aimée.
Tu fus la rose, à peine encor formée,
Qui naît et meurt l'espace d'un matin.

On ignorait, on ne pouvait pas croire
Qu'à quatorze ans, quand s'ouvre l'avenir,
On pût ainsi, trop bêtement, mourir
Parce qu'un fou conduisait après boire.

Alors, penser qu'on ne te verra plus,
Qu'à tout jamais s'est éteint ton sourire,
Nous cause un mal impossible à décrire.
Joie et bonheur sont des mots révolus.

Mais si ton nom est gravé sur la pierre,
Il l'est aussi tout au fond de nos cœurs.
Passent les jours, et se fanent les fleurs,
La peine est là pour notre vie entière

PATRICK DILS *

Je m'interroge en vain : serais-je ou non capable
De vivre en permanence avec des malfaisants,
De croupir au cachot depuis près de quinze ans,
Alors que tant de gens me savent non coupable.

C'est pourquoi, très souvent, je pense à ce garçon.
Comment peut-il avoir l'incroyable courage
D'accepter un tel sort, ne pas hurler de rage
À longueur de journée au fond de sa prison.

Coupable, certes non, mais à coup sûr victime
D'un verdict effarant de la part des jurés.
Quand ces pauvres enfants ont été massacrés,
Il était loin des lieux où s'est commis le crime.

Malgré l'acharnement suspect d'un inspecteur,
Ne tenant pour certain qu'un douteux témoignage,
Obtenant des aveux par menace ou chantage,
L'évidence s'impose, il n'en est pas l'auteur.

Ce jour-là, six témoins ont noté la présence,
Près du talus fatal, d'un célèbre assassin.
Il connaît bien l'endroit, il en fait le dessin,
Mais ce fait capital est passé sous silence.

Parlons en, des aveux ! Harcelé constamment,
Croyez-moi, vous direz ce que l'on veut entendre.
Que ce soit une preuve est absurde à prétendre.
Cela, n'importe qui le comprend aisément.

S'il avait infligé ces terribles blessures,
On n'aurait pas manqué de s'en apercevoir.
Il ne pouvait le faire, en effet, sans avoir
Sur les mains, les habits, quelques éclaboussures.

Et lorsqu'il s'est agi de reconstituer
Son prétendu forfait, un policier, honnête,
A dit qu'on lui montrait, afin qu'il les répète,
Les gestes qu'on voulait lui voir effectuer.

Alors, son avocat demande à la Justice
D'admettre qu'elle aussi peut parfois se tromper
Et qu'un nouveau procès devrait le disculper.
Espérons que bientôt sa requête aboutisse.

Pourtant, si l'on finit par lui rendre l'honneur,
On ne lui fera pas retrouver sa jeunesse.
Avec un tel passé, je doute qu'il connaisse,
Faute d'oubli possible, un semblant de bonheur.

* Ce poème a été écrit avant le dernier procès qui a
innocenté Patrick Dils

MOROSITÉ

Continuer à vivre... En ai-je encore envie ?
Je perds au fil du temps tous les gens que j'aimais.
Je les vois, tour à tour, disparaître à jamais
Et me demande : « En fait, à quoi ça sert, la Vie ? »

On peut penser, bien sûr : « Qu'importe leur départ ?
Chacun, dans mon amour, avait sa place entière
Et la garde, malgré l'invisible frontière. »
Ces mots, pour mon chagrin, ne sont pas un rempart.

Quand un proche, in intime, un être cher me quitte,
C''est un lambeau de cœur qu'il m'arrache en partant.
Survivre semble alors impossible, et pourtant,
Je revois malgré tout fleurir la marguerite.

Si j'accepte, pour moi, notre précarité,
Lorsque c'est d'un ami que le destin s'achève,
Je ne supporte pas que la Mort me l'enlève.
Cela reste, à mon sens, un sort immérité.

Dieu serait juste et bon ? Qu'il en donne des preuves.
Prend-il tant de plaisir à nous faire souffrir ?
N'aurait-il donc vraiment rien d'autre à nous offrir
Que de cruels chagrins, de funestes épreuves ?

J'ai navigué sans cesse entre peine et malheur.
Depuis que je suis né, j'ai versé trop de larmes.
L'existence, à ce prix, n'a plus beaucoup de charmes.
Je suis las de voguer sur des flots de douleur.

Il me tarde à présent d'atteindre l'autre rive,
De poser mon bagage, et quitter le bateau
De l'absurde croisière. Et je crois que bientôt,
M'adressant aux défunts, je leur dirai : « *J'arrive…* »

VIVENT LES MARIÉS

Vous allez donc tenter cette belle aventure,
Être deux tout d'abord, puis trois, ou quatre, ou plus.
Depuis la nuit des temps, éternel processus,
C'est ainsi que le veut la loi de la Nature.

Ce chemin hasardeux où vous vous engagez
N'est pas toujours bordé d'aubépine ou de roses.
Mais vous savez déjà, bien sûr, toutes ces choses,
Et votre amour est là pour vous encourager.

Gardez-vous, cependant, d'un excès d'angélisme.
Désirer l'impossible, et que tout soit parfait,
Ne peut qu'être néfaste et nuisible. En effet
Vivre à deux nécessite un peu de réalisme.

Il vous faudra lutter contre certains démons
Qui voudront s'attaquer parfois à votre couple :
Jalousie, égoïsme... Ayez l'échine souple.
Dites-vous : "*Ce n'est rien, puisque nous nous
aimons.*"

En ce jour merveilleux, où plus d'un vous envie,
Merci de m'avoir fait l'honneur de m'inviter.
C'est un plaisir pour moi de vous féliciter,
Et de vous souhaiter bonheur et longue vie.

MORTEL CHAGRIN

Comme un feu qui jaillit, et se meurt, aujourd'hui,
Un cœur a palpité, puis s'est éteint sans bruit,
Noyé par le venin d'un sentiment fatal.
Tel un glaive d'airain passé sur l'affiloir,
L'indicible tourment d'un amour sans espoir
A gravé dans son flanc la pourpre fleur du mal.

Une goutte de sang perle encor tristement
De la terrible plaie, et tombe lourdement.
Son sort importe peu, nul ne verse un seul pleur.
Emporté sans pitié par le flot de l'oubli,
Il sombre à tout jamais. Désormais englouti
Dans l'ombre du néant, repose en paix, mon cœur.

AMERTUME

Je souffre ainsi qu'un grand blessé,
Mais c'est difficile à comprendre.
Je suis hanté par le passé,
Prisonnier de mon âge tendre.

Il suffit parfois d'une odeur
Pour que renaisse mon enfance.
Trop vite ai perdu ma candeur ;
Bien vite aussi mon innocence.

Je me revois adolescent,
Tourmenté par ton corps de femme,
Qu'en un rêve plus qu'indécent
J'étreignais au prix de mon âme.

Comme il fut doux ce seul baiser
D'où naquit un amour intense.
Hélas, la vie allait briser
Bien trop tôt ce bonheur immense.

Aurais-je ou non eu le pouvoir
De conjurer ce sort funeste ?
Impossible de le savoir,
Et peut-être inutile, au reste.

Mais plus rien n'était comme avant.
Une seule chose était sûre,
Il me faudrait dorénavant
Survivre avec cette blessure.

Le jour le plus triste, à mes yeux,
Fut le dernier de notre histoire.
L'instant maudit de nos adieux
Reste gravé dans ma mémoire.

Il faut pourtant bien accepter
Que rien, jamais, ne recommence.
A quoi sert de se lamenter ?
Désormais, je souffre en silence...

LE JUGE

Un juge intelligent, profondément humain,
Pratiquant de surcroît l'art de la courtoisie,
Et pour qui le non-lieu n'est pas une hérésie,
J'aurais cru ne jamais en croiser le chemin.

J'ai pourtant rencontré quelqu'un de telle essence,
Sachant qu'un citoyen, devant un Code ardu,
Dans le maquis des lois se sent un peu perdu
Et ne doit pas souffrir de sa méconnaissance.

Oui, j'ai connu cet homme, et je lui dis merci
D'avoir donné raison au pauvre "pot de terre"
Sur qui le défenseur de l'escroc déblatère.
C'est un hommage ému que je lui rends ici.

On peut donc, quelquefois, croire en cette Justice,
Ne pas être broyé par son bras séculier.
Mais ce juge est sans doute un cas particulier.
Tant d'autres n'auraient pas admis mon préjudice.

Beaucoup, parmi ses pairs, doivent le détester :
Agir ainsi, pour eux, c'est presque une imposture.
Mais c'est tout à l'honneur de la Magistrature,
Un homme tel que lui pour la représenter.

Il estime, à raison, que la sentence à rendre
Peut s'écarter parfois du sens trop littéral
D'un texte, et qu'avant tout ce doit être moral.
Il sait, tout simplement, que juger c'est comprendre.

LES REGRETS INUTILES

Depuis longtemps déjà, je voulais revenir
En ces lieux où Claudie a passé son enfance,
Où l'on se retrouvait à notre adolescence,
Ce temps que, bien trop vite, on a dû voir finir.

A quoi bon résister, j'en avais trop envie.
Me voilà de nouveau devant ce vieux chalet
Dont on a clos la porte et fermé le volet
Sur les plus merveilleux souvenirs de ma vie.

Je ne puis exprimer l'émoi que je ressens.
L'époque du lycée, à présent si lointaine,
Ressurgit à mes yeux d'une façon soudaine,
Me faisant tout à coup retrouver mes seize ans.

Je suis redevenu le garçon trop timide
Pour oser avouer qu'il était amoureux.
Beau gâchis d'un futur promettant d'être heureux !
Mais comment donc peut-on se montrer si stupide ?

L'adorable Claudie avait conquis mon cœur,
J'avais trouvé l'amour, le grand, le vrai, l'unique,
Mais ce beau sentiment restera platonique...
Je n'ai pas su répondre à l'appel du bonheur.

J'étais fou d'espérer voir le passé renaître,
De vouloir échapper à la fatalité.
La jeunesse est fugace. Il me faut l'accepter,
Je ne pourrai jamais, par deux fois, la connaître.

.

L'ARGENT NE FAIT PAS LE BONHEUR

Je connais un dicton contraire à l'évidence
Disant que le bonheur n'est pas fait par l'argent.
Il faut, pour l'affirmer, ne pas être indigent,
Car de ce malheur là, j'accepte la sentence.

Sans en faire, il est vrai, le but de l'existence,
J'aurais, sur la richesse, un avis divergent.
Je crois pouvoir me dire assez intelligent
Pour juger sa valeur en toute compétence.

S'offrir un bon logis n'est pas rêve anormal,
Non plus qu'aimer le luxe. Où donc voit-on le mal ?
Serait-on moins heureux si la vie est facile ?

A-t-on jamais souffert d'assouvir ses désirs ?
Or s'il fallait en croire un proverbe imbécile,
Mourir de faim serait le plus grand des plaisirs.

Les textes suivants sont des paroles de chansons

LE PARADIS TERRESTRE

Il y avait sur terre
Un petit coin béni,
N'en faisons pas mystère,
C'était le Paradis.

Il y avait un homme,
Et une femme aussi,
Et s'il poussait des pommes,
Ils n'en avaient souci.

Hélas, le diable arrive,
En serpent déguisé...
Eve était si naïve,
La tromper fut aisé.

Elle goûta, curieuse,
Un des fruits défendus,
Mais une voix furieuse
Eut bientôt répondu.

Fini la vie de rêve
Pour Adam le maudit
Et pour notre mère Eve,
Chassés du Paradis.

Maintenant, y'a la peine,
La douleur et le mal,
et la guerre, et la haine,
Paraît que c'est normal.

Y'a des enfants qui pleurent,
Et d'autres qui ont froid,
Qui ont faim et qui meurent,
Ou qui tremblent d'effroi.

Et c'est pour une pomme
Pourrie depuis longtemps
Que les enfants des hommes
Souffrent leur vie durant.

Si c'est là la clémence
D'un Dieu veillant sur moi,
Pardonnez-moi l'offense :
Pas de Bon Dieu pour moi.

LES AVEUGLES

Toi qui n'a jamais eu souci du lendemain,
Qui côtoie l'indigent, mais le regarde à peine,
Pourquoi fais-tu semblant de ne pas voir la main
Que tend ce miséreux vers ta bourse trop pleine ?

Toi qui fus un enfant que la guerre a formé.
Toi qui connus les coups plutôt que les caresses,
Pourquoi ne vois-tu pas l'orphelin mal aimé
Implorant d'un sourire un geste de tendresse ?

Toi qui voudrais un Monde où la bonté domine,
Où chacun donnerait tout ce qu'il peut donner,
Pourquoi ne vois-tu pas la vieille qui chemine
Avec un sac trop lourd à son bras décharné ?

Toi qui dis que les gens sont égaux, sont tous frères,
Quand tu croises un bossu, tu t'en moques pourtant.
Tu traites de bâtard le pauvre enfant sans père ;
Pas raciste du tout, mais... heureux d'être blanc.

Toi qui crois faire honneur à ton espèce humaine,
En allant massacrer de pauvres animaux,
Pourquoi ne vois-tu pas où tes actes t'entraînent,
Vers un Monde inhumain, sans fleurs, et sans oiseaux.

Toi qui ne restes pas insensible, inactif,
Quand, de trembler trop fort, la Terre, au loin, s'avise,
Pourquoi ne vois-tu pas ce "sans-emploi" furtif
Tendant sa main honteuse, au porche de l'église.

Il n'est pire aveugle que celui qui ne veut pas voir.

LE NAZAREEN

Il y a bien longtemps, sur la terre,
En Galilée, la nuit s'étendait
Quand naquit, entouré de mystère,
Un enfant que le Monde attendait.

Il grandit aux côtés de son père
Qui voulait lui donner son métier,
Mais hélas, Marie se désespère...
Son fils ne sera pas charpentier.

Il commence à parcourir la plaine
En parlant de pardon, d'amitié,
Combattant la rancune et la haine
Dominant un monde sans pitié.

Tout son temps, il le consacre aux autres,
Secourant pauvres ou malheureux.
Pour l'aider, il choisit douze apôtres,
Comme lui gens doux et généreux.

Il guérit le corps et surtout l'âme,
De partout, on vient le consulter.
On l'écoute, on l'admire, on l'acclame,
Et pourtant... on le fait arrêter.

On réclame son sang, il le donne
Pour sauver ses agneaux, ses brebis,
Et déjà, par avance, il pardonne
A ceux-là qui prendront ses habits.

Il t'avait pourtant fait confiance,
Même ensuite, il ne t'a pas haï.
Il était si bon, sans méfiance.
Toi, Judas, pourquoi l'as-tu trahi ?

Quelle peine, en son cœur, a du naître,
Et combien tu dus le chagriner,
Quand tu juras ne pas le connaître.
Toi, Simon, pourquoi l'abandonner ?

Un procès, un jugement sévère,
Une croix sur le mont Golgotha...
C'est ainsi qu'après un long calvaire
Meurt celui qu'une vierge enfanta.

Il y a deux mille ans, sur la terre,
Un brave homme avait dit : "*Aimons-nous* !"
Et ceux qui, méchamment, l'ont fait taire,
C'était toi, c'était moi, c'était nous...

SYLVIE

La ville est triste sous l'hiver,
Mais je suis bien plus triste encore.
Mon cœur au chagrin s'est ouvert
Comme au froid s'est offert mon corps.
La neige tombe doucement,
Et doucement coulent mes pleurs,
Et la nuit descend lentement,
En voilant d'ombre mon malheur.

Que m'importe si les passants
Me regardent d'un air narquois,
Sauraient-ils ce que je ressens
Qu'il ne comprendraient pas pourquoi.
Comment pourraient-ils donc savoir
Que cette fille aux longs cheveux,
Qui vient de passer sans me voir,
Est celle qui combla mes vœux.

Les larmes qui brouillent ma vue,
Je ne veux pas les retenir.
C'est pour Sylvie que j'ai revue,
C'est à cause d'un souvenir,
À cause d'un amour ancien
Qui n'a jamais voulu périr
Dans mon cœur, sinon dans le sien,
Mais qui me rend triste à mourir.

Il y a déjà des années,
J'étais ici avec Sylvie.
Tant de bonheur m'était donné,
Je me disais : « *c'est pour la vie.* »
Le même ciel bas et couvert,
La même neige sur les toits...
C'était beau, c'était gai l'hiver,
Lorsque j'étais auprès de toi.

Et puis tu es partie un jour.
Qui des deux a souffert le plus ?
Est ce moi, qui t'aime toujours ?
Était ce toi ? Je ne sais plus.
Mais aux premiers froids, tous les ans,
Comme pour me gâcher la vie,
Un petit génie malfaisant
Revient me parler de Sylvie.

ANCIEN COMBATTANT

Il n'avait pas vingt ans,
C'était presque un enfant,
Quand on lui a dit : "*C'est la guerre !*
Voilà de beaux habits,
Un calot, un fusil,
T'as le temps d'embrasser ta mère."
Sans comprendre vraiment
Ni pourquoi, ni comment,
S'est trouvé en terre étrangère,
Face à d'autres gamins
Qui avaient dans leurs mains,
Les mêmes armes meurtrières.

On lui disait : "*Vas-y !*
Ce sont tes ennemis,
Les laisser vivre, c'est un crime."
Il lui semblait pourtant
Qu'ils n'étaient, cependant,
Tout comme lui, que des victimes.
Mais quand on a appris :
Civisme, Honneur, Patrie,
Quand on vous dit : "*C'est pour la France !*"
On ne peut que foncer,
Au mépris du danger,
Semer la mort et la souffrance.

Lui aussi a souffert.
Quelques morceaux de fer
Sont toujours plantés dans sa cuisse.
Et il a eu sa part
De peurs, de désespoirs,
De privations, et de sévices.
A quoi bon, pour autant,
Ressasser constamment
Ces affreux souvenirs pénibles.
Vaut-il pas mieux laisser
Le temps tout apaiser,
Voiler d'ombre ces jours horribles.

Il aurait bien voulu
Que l'on n'en parle plus,
Plus jamais, de ces années noires.
Mais, plusieurs fois par an,
Il doit faire semblant
D'en être fier, d'en tirer gloire.
Comme on l'a décoré,
Il se sent obligé
D'être parmi ceux qui défilent,
Mais ne peut s'empêcher,
Bien sûr, en aparté,
De trouver ça un peu futile.

MON AMI GEORGES

On m'a fait l'autre soir une farce imbécile,
Le bruit de ton trépas que l'on faisait courir.
Or, pour moi, n'y pas croire est chose bien facile :
Brassens est éternel et ne peut pas mourir.

Le p'tit ch'val et Bonhomme ou la cane de Jeanne,
De sa faux la camarde, un jour, les a touchés.
Les plantes et les fleurs, à tout jamais, se fanent,
Mais tu n'es pas de ceux que la mort peut faucher.

Tu resteras toujours présent dans nos mémoires.
Fernande et l'Auvergnat, qui peut les ignorer ?
On ne peut oublier, des guerres de l'Histoire,
Celle de quatorze dix-huit qui fut ta préférée.

On verra des croquants de tous temps, de tous âges,
À cheval sur leurs sous, des imbéciles heureux
Qui regardent Margot dégrafer son corsage,
Des flics qui sont rossés et c'est triste pour eux.

Bien sûr, le roi des cons est toujours sur son trône.
Aujourd'hui comme hier, on meurt pour des idées,
De bien belles idées, mais celui qui les prône
Laisse aux autres, bien sûr, le soin de décéder.

Villon, Victor Hugo, et Paul Fort, et Verlaine,
Et tant d'autres encore te doivent une chanson,
Et même un malandrin, un voleur, un tire-laine
Dont on sait seulement qu'il pilla ta maison.

Mais j'ai parfois du mal à retenir mes larmes
En pensant que c'est vrai, que tu t'es... absenté,
Et désormais, pour moi, la vie a moins de charme.
Il me manque vraiment, l'ami qui m'a quitté.

On m'a fait l'autre soir une farce imbécile,
Le bruit de ton trépas que l'on faisait courir.
Or, pour moi, n'y pas croire est chose bien facile :
Brassens est éternel... et ne peut pas mourir.

NOSTALGIE

J'aime à revoir le petit bois,
Aux sentiers tout couverts de fleurs,
Où jadis le cerf aux abois
Laissait couler un dernier pleur,
Où plus d'un rendez-vous galant
N'eut d'autre témoin qu'un oiseau
Qu, d'une branche s'envolant,
S'allait poser sur un roseau.

C'est qu'il me semble ouïr encore
Des échos lointains et confus :
La course sans but du dix-cors
À travers les taillis touffus,
Où les doux serments échangés
Par les amants de tous les temps
Qui aimaient venir s'allonger
Sur les berges du vieil étang.

C'est tout un passé qui surgit,
Rempli du galop des chevaux,
Une trompe au loin qui mugit,
Résonnant par monts et par vaux...
La chasse et l'amour vont de pair,
Cupidon hante les marais,
Et l'ombre du grand Saint Hubert
Semble planer sur la forêt.

LE VENT DE L'AMOUR

La douce plainte monotone
Du vent qui défait tes cheveux
Chante la beauté de l'automne
Propice aux plus tendres aveux.
C'est bon de fixer ton visage,
D'y lire un bonheur émouvant,
C'est bon de ne pas être sage
Dans la nature et dans le vent.

Ton corps avide de tendresse
Se cambre et s'offre à mon désir.
Ma main, doucement, te caresse,
T'arrachant des cris de plaisir.
C'est bon de s'aimer sans contrainte,
Quand sous le vent l'herbe frémit,
C'est bon d'écouter la complainte
Du vent qui, comme toi, gémit.

Un doux murmure, à mon oreille,
De mots que l'on ne comprends pas.
Mon cœur attendri s'émerveille,
Le Temps semble marquer le pas.
C'est bon de se prouver qu'on s'aime,
Par tous ces gestes si charmants,
C''est bon lorsque le vent lui-même
Se fait complice des amants.

LES LILAS DU SOUVENIR

J'ai voulu revoir les lilas
Qui fleurissaient mon souvenir,
Mais les lilas n'étaient plus là.
Qu'ont-ils donc bien pu devenir ?
Le souvenir de notre amour,
De notre bel amour d'antan,
Embellissant de jour en jour,
Avait pourtant bravé le temps.

Je vois toujours ton corps charmant,
Tes cheveux que je caressais.
Nous n'avons pas été amants,
Pas plus que toi, je n'y pensais.
Il me suffisait d'être là,
Là près de toi, tenant ta main,
Et de contempler les lilas
Qui ombrageaient notre chemin.

L'herbe est pourtant tout aussi verte,
Aussi jolis ces papillons,
Ma plaie au cœur toujours ouverte,
Et chantent les mêmes grillons.
Restent la rose et le jasmin,
Seuls ont disparu les lilas.
Je voudrais tant tenir ta main...
Mais pourquoi donc n'es tu plus là ?

Oh ! Mon bel amour de jeunesse,
Éclos au cœur de mes seize ans,
Faut-il que je le reconnaisse,
Tu es encore aussi présent.
Qu'importe le temps qui s'écoule
Et qui emporte les lilas,
Le fil de mes jours se déroule,
Mes souvenirs sont toujours là.